Autoayuda para adolescentes. Técnicas de autocontrol emocional y herramientas para el cambio

Bienestar y autoconocimiento. Cuatro pilares básicos.

Clara Robles

Contenido

¡Comencemos!

Quiero ser clara contigo desde este punto. Aquí no hay recetas mágicas, ni promesas vacías. No hay plazo récord en el que pasarás del punto A al punto C.

Este libro busca sentar las bases para un verdadero cambio. Es una guía con claves que te ayudarán en diversos aspectos de tu vida, pero solo será posible si tú tomas un papel activo.

¡Que tu juventud sea el momento para sentar las bases de la vida de tus sueños!

Aquí hay técnicas, consejos y diálogo. Los consejos y técnicas pueden ser aplicados en cualquier situación en la que te encuentres.

Dime:

- **¿En verdad quieres tomar las riendas de tu vida?**
- **¿Quieres sentirte libre?**

Si tus respuestas han sido afirmativas, ¡me alegro! Podremos dialogar y trabajar juntos.

A partir de ahora se van a acabar todas las excusas. Si estás dispuesto a hacer el trabajo, ¡genial! En mí has encontrado una amiga que quiere ser parte de tu transformación.

Además, te cuento que sé perfectamente que no siempre se cuenta con el tiempo o el ánimo de leer un libro completo.

O simplemente queremos que las cosas sucedan ya: ¡dime la fórmula mágica!

Bueno, ¡calma! No puedo hacer eso y te lo explico en el siguiente apartado, pero sí que he decidido ayudarte para tener una lectura rápida y práctica:

- Texto resaltado en negritas. Estas son ideas que creo fundamentales y que me encantaría que sean con las que te quedes al finalizar este libro.

- Letras grandes. Esta será la señal que indique que esa parte del texto es algo que te recomiendo no omitir.

Listo, ahora tienes más opciones de lectura. Mi propósito es que si has llegado a este material te lleves, por lo menos, una idea que te ayude en tu vida.

Primero, quiero agradecerte por adquirir este libro que he escrito con mucho cariño. Espero que tu lectura sea amena y que te deje algo bueno para tu vida.

Te invito a que te unas al canal de Telegram **Libros de autoayuda. Crecimiento personal**[1] para tener gratis nuevos eBooks y acceso a más contenido que, estoy segura, te ayudará en tu camino a la vida de tus sueños.

¡Que tengas días maravillosos!

---

1. **https://t.me/+ptbNv9CcC_1mMzAx**

¿Quién soy yo? (Puedes saltarte esta parte)

No soy ninguna celebridad, ninguna eminencia en alguna carrera en especial o una audaz contadora de historias. Soy alguien que, al revisar la historia de mi vida, con tristeza vi que desperdicié años sumida en el asiento de espectador.

Viví episodios de depresión por sentir que no encajaba. Me sentí perdida, sin rumbo, incluso hastiada del correr de mis días.

Desde muy joven experimenté sensaciones de no merecimiento por la vergüenza de no saber qué podía ofrecer. Me sentía pobre en todos los aspectos. No pasó mucho tiempo para hacer de mi vida un caos a nivel amoroso, financiero, profesional y personal.

- ¿Cómo es que alguien como yo podía aspirar a una vida maravillosa?
- ¿Cómo alguien podría amarme?
- ¿Por qué me elegirían a mí?
- ¿Cómo sería posible que yo viajara por el mundo?

En fin, hasta hace algunos años solía pasar mis días en una oficina, trabajo de lunes a viernes, en un horario de 9:30 a.m. a... bueno, hasta que los jefes de turno dijeran que podía retirarme. En la escuela la cuestión era similar.

Poca vida social + presión académica + poco conocimiento y/o aceptación de gustos y preferencias = Depresión funcional

Días tan similares unos de otros que no logro distinguir en cuál me sentí más insignificante. Me siento avergonzada y triste al pensar en el tiempo perdido.

Casi veinticinco años en que tuve miedo y estuve estancada jugando un papel de víctima digno de un premio de la Academia.

Me entristece recordar que gasté años de juventud sumida en miedos y no viviendo, que es lo que debí haber hecho.

En el fondo deseaba salir a explorar el mundo, exponer mis ideas, hacer y deshacer sin tener miedo a las represalias. Amar sin miedo a perder, gozar y disfrutar de todo lo que me hiciera sentir viva.

En fin, días pasados que han quedado enterrados.

ACTITUDES, PENSAMIENTOS Y ACCIONES QUE SE HAN QUEDADO EN EL PASADO.

Hoy quiero evitar que jóvenes caminen con miedo y sientan el peso de una soledad no elegida. Evitar que mujeres caigan en relaciones con hombres narcisistas o que cualquier persona esté sumida en la vergüenza por el señalamiento a algún aspecto físico.

Recuerdo la ocasión en que el hombre que creí sería mi compañero de vida me llamó gorda y que en diversos momentos me ofendió. Yo bajaba la cabeza y pensaba que él tenía razón. Inclusive cuando decidió comenzar una vida con otra mujer, después de aplicarme el tan famosos *ghosting*, pensé que él hacía lo correcto por haberla elegido a ella, al final, ¿qué podía ofrecer yo?...

Es mi deseo que tú no pases por lo mismo que yo pasé. Quiero que comiences a sentar las bases de una vida plena y llena de posibilidades: las que tú elijas.

¡Vamos, formemos un poderoso equipo!

¿Cómo comenzamos?

En este libro hay información diversa, pero un mapa que puede ayudarte a visualizar en lo que se busca trabajar es el siguiente:

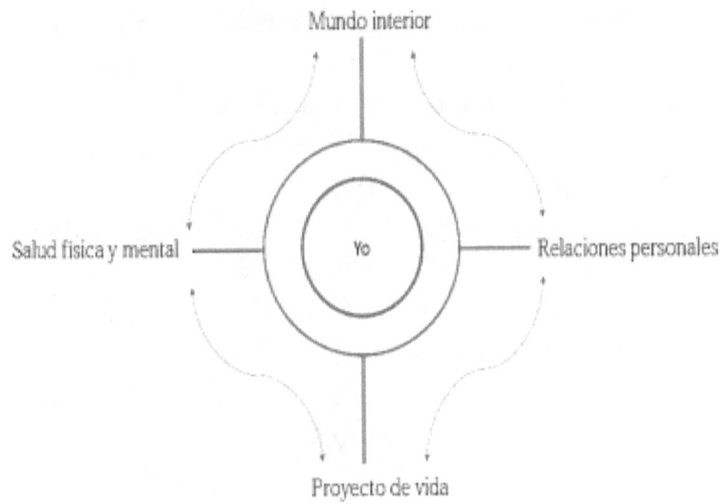

Hay cuatro pilares que considero básicos para tomar las riendas de tu vida.

1. <u>Mundo interior</u>. Pensándolo como creencias generales en la vida y de ti mismo; aquí entra el saber quién eres o quién quieres ser.
2. <u>Proyecto de vida</u>. Es la base de una vida. Si no hay propósito traducido en un proyecto, no hay motivación ni dirección.

No te preocupes, sé que eres joven (no estoy delimitando edades) y puedes no tener ideas claras sobre el futuro. El punto es comenzar a establecer una guía de lo que quieres, por lo que no te dejes asustar, todo es más simple de lo que parece.

1. <u>Relaciones personales</u>. ¿Quién está a tu lado? Es muy importante que analices a quienes aceptas en tu vida. Tu éxito o fracaso depende mucho de las personas de las que te rodeas. No se trata de señalar a nadie, solo de buscar sintonía y armonía entre quien quieres ser (a dónde quieres llegar) y personas con quienes pasas mucho tiempo. Pura lógica.

2. <u>Salud física y mental.</u> Si no hay salud, no hay un disfrute pleno de la vida. ¿Quieres subir una montaña? Entrénate. ¿Quieres ser la mejor física matemática? Sé perseverante y disciplinada. Todo es cuestión de cuidar de tu cuerpo y de tu mente. Una mente débil no acepta retos y ve obstáculo en todas partes y un cuerpo débil no ayuda a trabajar lo que se debe para llegar a donde quieres.

¡Listo!

A partir de ahora trabajaremos en ideas limitantes, hábitos tóxicos y formas de enfrentar el miedo. Técnicas, herramientas e ideas que te ayudarán en cualquier situación de la vida.

Sacando la basura de tu habitación

Primero, lo primero. ¡Depura el ambiente!

Hoy en día no es ajeno el concepto de Amor propio. Las principales redes sociales están plagadas de psicólogos e *influencers* que te hablan de comenzar a amarte a ti mismo; de las 10 cosas que puedes hacer para comenzar a amarte; del *glow up* que te ayudará a cambiar tu vida; de la receta definitiva para reiniciar tu vida, etc.

Vivimos bombardeados del *aesthetic moment*, donde cada nuevo *reel* o los videos de TikTok muestra a una persona que ha cambiado su vida con solo un ejercicio de diez simples pasos, repetición de mantras, por levantarse a las 5:00 a.m., etc.

En fin, **una estética y mensaje que "energetiza", pero que roba tiempo porque nutre sueños que acaban en cuanto se apaga el móvil.**

Como economista que estudia temas sociales, me pesa la idea de que haya personas que quieren poder cambiar su vida, pero no pueden costear las recomendaciones que dan esos *influencers*.

Hay gente que "no puede tener una vida sana" por no poder pagar el gimnasio o simplemente por no tener el suficiente tiempo para dedicarle.

Sé que hay quienes quieren esos cambios. Que sueñan con una vida *instagrameable* y ser como esos *influencers* que les dicen que todo es posible si lo sueñan.

Pero sobre todo sé que, en una realidad donde, de acuerdo con datos del Instituto Nacional de Estadística en España, en 2021, el 21,7 % de la población se encontraba en riesgo de pobreza; 8,3 % en carencia material severa y 11,6 % en baja intensidad en el empleo, existen personas para quienes es más complicado.

Todo el bombardeo de pensamiento positivo, vida "saludable" y pensamiento mágico con estándares estéticos altos solo puede hacer crecer el vacío que muchas personas sienten. Además de agobio por ver las circunstancias desde las que parten para decidir actuar o no.

¿Por qué me detengo a hacer una reflexión sobre el contenido de las redes sociales (RRSS)? <u>Porque hay que sacar la basura de tu habitación.</u>

¿Te ha pasado que sabes que debes ordenar y hacer la limpieza, pero hay tanto desorden que no sabes por dónde comenzar?

Fácil: ¡mete todo al armario!... DIJO NUNCA NADIE QUE QUISIERA TENER UNA VIDA INTERESANTE Y PLENA.

¡Saca la basura de tu habitación! ¡Saca la basura de tu mente!

Yo tenía la intención de cambiar mi vida y quería creer que, con solo pedir, el universo me daría eso que tanto anhelaba. O que, si hacía cientos de afirmaciones al día, las cosas iban a mejorar porque estaba reiniciando mi mente.

Todo esto, ¡qué mejor!, haciéndolo con los mejores productos y la mejor ropa, ¡quería que mis mañanas se vieran como las de esas chicas que comparten su vida en YouTube! Creía que, si quería una vida de ensueño, entonces mi alrededor tenía que comenzar a verse así.

Yo compraba todo el producto que veía en RRSS: las ideas/ consejos sí, pero también lo material.

Esa era mi forma de "romantizar mi vida" y sentir que me acercaba al verdadero goce de ella. Que estaba en la dirección correcta porque me sentía "feliz" de ver espacios que con un buen filtro de Instagram se acercarían mucho a lo que la *influencer* de turno posteaba.

¿Sabes en qué acabó esa pseudo felicidad?

¡En una absurda deuda en mis tarjetas de crédito!

¡En un odio a mi cuerpo, a mi carácter, a mi trabajo!

Solo me generé deudas financieras y de autoestima que me acompañaron por varios años.

Así que, hagamos un pequeño ejercicio de reflexión. ——>

Ejercicio 1

1. ¿Qué RRSS utilizas y cuánto tiempo al día pasas en ellas?

1. ¿Cuál es tu motivación para usarlas?

1. ¿Qué es lo que disfrutas ver de aquellos perfiles que sigues?

1. ¿Qué de su vida te atrae y quisieras tener en la tuya?

Te pido que plasmes en una hoja todo aquello que en verdad pasa dentro de ti. ¡Sinceridad absoluta!

Ejemplo (mi caso):

1. Yo usaba Instagram y TikTok. Pasaba alrededor de cuatro a seis horas al día en ellas.

1. Mi motivación era buscar diversión (parece inocente, pero no lo es). Mi vida me parecía tan aburrida y sin sentido que lo buscaba viendo videos de parodias para sentir un poco de "felicidad" y buen humor.

En Instagram veía cuentas de mujeres: viajeras, ejecutivas, expertas en moda, expertas en salud holística, de buena alimentación, expertas en diseño, *bookstagramers*, etc.

1. Me atraía el arte que notaba en cada *post* y en la valentía que decían tener para hacer las cosas.

Yo anhelaba ser eso y sentía que, al verlas, un poco "se me pegaría". Pasaba tanto tiempo de mis días en RRSS que poco tiempo y energía me quedaba para comenzar a hacer, aunque sea lo mínimo, y ser un poco como ellas. (Ojo: escribí "SER UN POCO COMO ELLAS").

Aclaración:

Reconozco la importancia de las RRSS y es que, además de conectar con amistades y muchas personas alrededor del mundo, también se han convertido en una de las principales fuentes de información y aprendizaje.

No todo el contenido que se encuentra es malo, pero el hecho de que pasemos tantas horas frente a nuestro móvil **nos ha hecho alejarnos de nosotros mismos.**

Recuerda, escribí "SER UN POCO COMO ELLAS". ¿Por? Justo esto es lo que pasa, olvidamos nuestra individualidad y aspiramos a ser, para bien o para mal, como aquello que figura en ese mundo *online*.

¡Dejamos de escucharnos!

Así que dicho lo anterior: ¡saquemos la basura de tu habitación!

¿Qué te dicen de ti tus respuestas?

<u>Si fuiste honesto con tus respuestas, entonces estás frente a las (primeras y básicas) bases de tu Proyecto de vida.</u>

<u>¿Cómo?</u>

<u>Un proyecto de vida se basa en aquello que quieres hacer, de lo que te apasiona, de aquello en lo que eres capaz de visualizarte haciéndolo.</u>

Enfrenta el desorden

Has empezado con algo muy básico, pero importante. Dejar de dar cabida excesiva a las RRSS ayudará a mejorar en salud física y mental, porque estarás más enfocado enfrentando los retos de cada día y serás auténtico al hacerlo. Sin imitar a nadie, ¡solo tú y tu más pura esencia enfrentando la vida!

¡No habrá escape fácil!

Seguramente en tu vida hay muchas cosas pasando al mismo tiempo, puede haber:

- Insatisfacción con el trabajo/carrera/escuela;
- sentimiento de rechazo por la sociedad, por amistades, por familiares o por una pareja;
- problemas financieros que te asfixian y eliminan cualquier sueño de salir adelante;
- sentirte sin rumbo en la vida, entre otros.

Quiero decirte que te comprendo. En mi caso, acabé con pensamientos que me llevaron a terapia.

Y no, no fue en ese momento donde todo cambio, porque gracias a la ayuda psicológica dejé de tener pensamientos no muy agradables y con tintes oscuros, pero seguí con actitudes insalubres en todos los aspectos y me dañé la vida en más de una forma.

Siempre procuraba ser amable con todos y ayudar cada vez que me era posible. Sin embargo, con el tiempo personas a quienes puse en primer lugar, incluso por delante mía, fueron los primeros en darme la espalda cuando yo necesité de su presencia.

Viví enojada por mucho tiempo.

No comprendía por qué si no hacía ni deseaba el mal a las personas, las cosas no iban bien y siempre terminaba sola. Viví situaciones muy complicadas que me hundieron en más de una ocasión, pero, en honor a la verdad:

¡Todo eso era una tonelada de mentiras!

¡Fui una mentirosa por muchos años!

¿Qué? Bueno, la realidad es que, sí, me equivoqué con varias personas y sin intención de ofender. Sí, tuve problemas psicológicos, pero un día comprendí que MIS CIRCUNSTANCIAS NO DEFINEN QUIEN SOY, MIS DECISIONES SÍ.

Quiero decir, todos aquellos años había razones verdaderas para deprimirme, pero YO DECIDÍ QUEDARME EN UN ESTADO DE DEPRESIÓN.

YO DECIDÍ QUE ERA VERDAD QUE NO VALÍA PORQUE DE HACERLO NO ESTARÍA SOLA, NO TENDRÍA DEUDAS, NO TRABAJARÍA EN UN LUGAR QUE ME DESAGRADABA.

¡POBRE DE MÍ, POBRE DE MÍ! Ese era mi pensamiento y discurso. La más grande mentira que he dicho.

Para esto que quiero transmitirte **te contaré una historia:**

Un día visité el lugar donde nací y crecí. Hacía años que no lo visitaba y me apeteció dar una vuelta por el centro. Había escuchado de una cafetería que estaba siendo muy exitosa y que todos catalogaban como la mejor. Como una amante del café, no perdí el tiempo y me dirigí a tan buen lugar.

Al llegar tomé asiento en una mesa que me daba una buena vista del sitio. Pude apreciar que las máquinas eran de las más modernas, que las tazas y cafeteras de diferentes métodos de extracción eran de la mejor calidad.

En el lugar se mantenía la pulcritud gracias al trabajo de varios empleados. Había buena energía y atención para los clientes.

El diseño era acogedor y su menú una delicia completa para el paladar. Hice mi pedido y, como siempre, saqué un libro y comencé a leer.

Estaba tan sumida en mi lectura que no prestaba atención a la llegada y retirada de las personas. En un momento una fuerte voz me perturbó, porque pude reconocer mi nombre siendo mencionado.

Detuve mi lectura, pero no alcé la vista, en realidad no estaba segura de lo que estaba pasando. Escuché repetidas veces mi nombre y pude distinguir a un hombre acercándose a mí.

Cuando por fin llegó a mi mesa, extendió los brazos para abrazarme al tiempo que expresaba cuanto gusto le daba verme. No quise ser grosera, por lo que respondí al esperado abrazo y puse a trabajar a mi cerebro para reconocer a la persona que me estaba hablando.

Supongo que se dio cuenta de que no lo recordaba, entonces me dio pistas acerca de dónde nos habíamos conocido. Se trataba de un ex compañero del bachillerato y resulta que sí, que habíamos compartido tiempo juntos.

La verdad es que no lo recordaba porque tanto él como yo habíamos sido los introvertidos del salón, a tal grado que ni siquiera entre nosotros convivíamos mucho.

Recuerdo que además de su introversión natural, él no se acercaba mucho a los demás porque había situaciones muy complicadas en casa que le hacían tener que regresar pronto a su hogar para cuidar de su madre y trabajar los fines de semana para aportar en el ingreso.

Al terminar el bachillerato las cosas no le fueron mejor. Hubo diversas situaciones familiares que le impulsaron a abandonar los estudios y a trabajar en cualquier lugar cercano a su casa.

Pues bien, resulta que la cafetería en la que yo estaba pasando mi tarde era de él ¡hasta llevaba su propio nombre!

Quedé sorprendida cuando lo supe, ¿cómo era posible? Siempre pensé que, para iniciar un negocio, en especial una cafetería, se requería de una fuerte inversión.

¿Cómo lo había logrado pese a sus circunstancias? Entonces él se sentó conmigo y tomó una taza de café para acompañarme.

Me contó sobre lo feliz que estaba por el crecimiento de su cafetería y de los negocios que se estaban generando con más productores nacionales de café.

De la felicidad que le producía el poder emplear a más de diez jóvenes del lugar que, en su mayoría, compaginaban trabajo con estudio.

Me mostró las primeras fotografías de su cafetería que antes estaba ubicada en un lugar más retirado. Me sorprendió ver que en realidad empezó con una cafetera pequeña, una prensa francesa y cafetera moka y que la comida era preparada por él y por su madre.

No había lujos, no había tazas y cubiertos de diseño. Solo lo que había podido juntar de utensilios que no usaba en casa y de pocas cosas más que pudo comprar con el poco dinero que tenía ahorrado.

Me contó que quería dejar de trabajar para otros y hacer algo que le apasionara, como el café y toda la ciencia que hay detrás de su elaboración. Además, no quería alejarse de ese lugar porque quería seguir cerca de su madre, a quien debía cuidar.

Las cosas fueron tan bien, que hoy día el lugar es espacioso, elegante y se ha convertido en uno de los sitios insignia del lugar en el que nací. Todo cuanto me contó fue con una enorme sonrisa en su rostro.

En su historia no faltaron hechos dolorosos y circunstancias que se me antojan injustas, pero él no desistió y ahora es un hombre de negocios exitoso.

Mi punto con esta historia es que es verdad que hay diversas circunstancias en la vida que pueden parecer el motivo por el cual no vives lo que en verdad quieres, pero esta y otras historias me han dejado claro una cosa:

Las circunstancias no definen quien eres, tus decisiones sí.

De entre todas las personas que conozco, la historia de él me haría entender sin ningún problema porqué podría estar sumido en la depresión, sin dinero y sin motivación en la vida, pero ¿sabes qué? Él decidió.

Decidió salir adelante por y para él, porque tenía dos motivos principales: ser dueño de su tiempo e invertirlo en su verdadera pasión y hacerse cargo de su madre cuidándola para mantener su salud física y mental, porque por supuesto que la hizo partícipe de su éxito y, hoy en día, ella parece una nueva mujer.

¿Te das cuenta? Al contarte mi historia te he dicho que he sufrido mucho, pero en realidad yo no tuve ni he tenido las circunstancias que ese personaje enfrentó y, sin embargo, aun cuando mis circunstancias han sido un poco más fáciles, fui yo la que terminó sumida en diversos problemas y situaciones que acarrearon más problemas.

¡Todo es cuestión de decidir!

Si tú controlas tus decisiones, eres capaz de controlar tu destino.

Dicho lo anterior, es momento de hablar de un elemento que, en realidad, es el punto central en cualquier toma de decisión:

Gestión de emociones.

¿Puedes ver la diferencia entre esta historia y la mía?

Seguramente digas que no porque no entré a detalles, pero creo que puedes ver la diferencia entre mi párrafo de queja y sufrimiento y el detectar que, cuando te conté su historia, te dije que él todo el tiempo tenía una sonrisa en su rostro.

Este dato es clave, porque puedes pensar que al tener un negocio exitoso es obvio que ahora lleve una sonrisa a todas partes, pero la verdad es que esa sonrisa (actitud positiva) la mantuvo en sus peores días.

Él se encontró en circunstancias muy fuertes para cualquier persona:

Ganaba poco más del salario mínimo en trabajos temporales, debía cuidar de su madre enferma, lo que conlleva no solo tiempo, sino una carga económica, porque en casa no solo era él y su madre, sino también hermanas que cursaban la educación inicial y pese a todo, gestionó sus emociones de apatía por trabajos rutinarios y absorbentes.

Gestionó su desesperación por cuidar de las personas más importantes en su vida y, pese a no tener estudios de grado, no se dejó vencer por la incertidumbre de cómo sería visto por aquellos en el ámbito de su negocio que sí contaban con mayor preparación.

En cambio, yo no solo no supe gestionar mis emociones al encontrar obstáculos en mi camino, sino que, además, decidí contarme una y otra vez la misma historia hasta que en verdad me compré la idea de que todo en mi vida era un caos y, por tanto, una víctima de diversas circunstancias.

<<**¿Por qué si yo no hago nada, me pasan tantas cosas malas?**>> Ese era mi pensamiento y lo he escrito ya aquí, pues bien, resulta que Yo misma tenía la clave: **porque no hacía nada.**

Mira, no puedes cambiar las circunstancias de las que partes y frente a eso solo tienes dos caminos: no hacer nada o tomar acción.

Ambos caminos están, me atrevo a decir, determinados por la gestión de emociones que lleves a cabo.

En la siguiente imagen puedes ver que he dejado marcado una flecha en cada uno de los dos caminos, esta flecha hace referencia al tipo de vibración que conlleva cada uno: una vibración baja para el caso de no hacer nada y una vibración alta, para el caso de tomar acción.

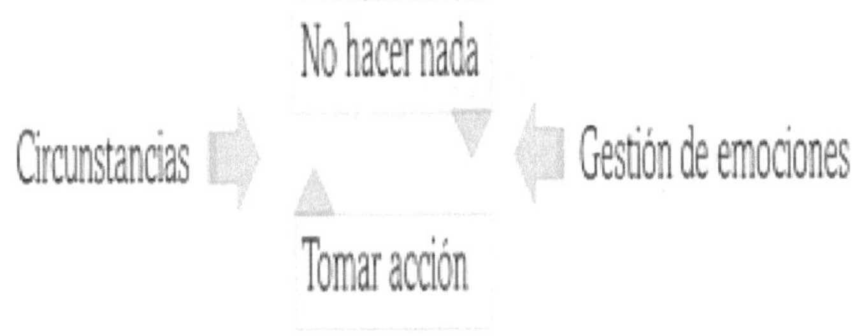

Sé bien que la palabra "vibración" conflictúa a muchas personas por relacionarla con el pensamiento New Age cuyo valor ha sido reducido y confundido con un pensamiento mágico en el que solo basta con pedir para que las cosas sucedan.

Sin embargo, por conocimiento empírico, todos sabemos que hay algo invisible que percibes cuando entras a un lugar o estas cerca de una persona.

Eso invisible, que solemos llamar "energía", es a lo que se refiere esta vibración y que, sin importar si creas en ella o no, todos emitimos y percibimos.

¿Conoces a alguien que haya pasado por temporadas de tristeza? ¿Recuerdas cómo te sentías al estar a su lado?

Ahora, ¿recuerdas cuando has estado con gente de la que no quieres separarte y deseas seguir charlando? ¿Cómo era su actitud ante la vida?

Todos emitimos una vibración que nace de nuestras emociones.

Puedes leer en algunos sitios que esta vibración está ligada a los pensamientos, entonces hay que enfocarnos en ellos. Así, **los pensamientos están guiados por las emociones.**

Por tanto, **si aprendes a gestionar tus emociones, tus pensamientos serán más claros y podrás estar en condiciones de tomar una decisión: quedarte donde estas o enfrentar cualquier obstáculo y avanzar.**

Ejercicio 2

1. Cuéntame acerca de lo que más conflicto te causa, ahora mismo, en tu vida. ¿Es económico, de amor, de profesión, de propósito de vida, de autoestima, de salud?

1. ¿Qué acciones has hecho hasta ahora para mejorar esa situación o situaciones que te preocupan?

1. Sé honesto: esas acciones que has hecho, ¿han sido tomadas con conciencia (es decir, en calma y con una valoración neutral de los pro y contras) o han sido producto de "las circunstancias" (emociones) de un momento determinado?

Ejemplo (mi caso):

1. Un trabajo por el que me mantuve con mucho conflicto interno y una actitud de hartazgo en mi vida.

1. Lo que hice para "mejorar" esa situación fue no prestar toda mi atención al trabajo de la forma en la que estaba acostumbrada.

Decidí que lo mejor era hacer el mínimo esfuerzo y darme gustos como compras de ropa, salidas a restaurantes, compra de artículos para el hogar, y más porque de esa manera sentiría que mi vida no era tan mala.

1. No, no fue una acción con consciencia y sí producto de mis emociones. Sentía _vacío_ dentro de mí porque traicioné mis valores en todo aspecto:

No estaba a gusto con ese trabajo porque algo dentro de mi quería libertad creativa y de tiempo para trabajar a mi ritmo y en los temas de mi interés, que no precisamente coincidían con mi carrera; y, en realidad yo siempre había sido alguien que se esforzaba por aprender y dar lo mejor de sí.

Me sentía _triste_ y _enojada_, por lo que comencé a ser adicta a la satisfacción instantánea que me daban las compras y a comenzar a convertirme en mi peor versión. Busqué llenar el vacío con cosas materiales y eliminar la tristeza y el enojo con el poder de compra para embellecer mi entorno.

Hay diversas circunstancias y sé que lo que he escrito puede leerse como banal, pero para mí representó una carga el sentirme vacía, triste y enojada y después generarme problemas financieros por esa adicción a la satisfacción instantánea.

Esto fue lo que me llevó cada vez más a hundirme en mi propia vida y a, poco a poco, tomar mi propio estandarte de víctima.

Todo el tiempo tuve la posibilidad de tomar el control y cambiar el rumbo, pero decidí ser prisionera de mis emociones y ser reactiva a ellas. <u>Algo pequeño se convirtió en mi gran desastre.</u>

Te pido que para este ejercicio realices una verdadera reflexión sobre las preguntas que he escrito y sobre tus respuestas.

Reflexiona qué emociones han estado involucradas en la toma de tus decisiones y qué consecuencias han traído a tu vida.

Comienza a reconocer qué es lo que sientes:

Cuando llamas a algo por su nombre, entonces lo estás visibilizando.

Técnicas para la gestión de emociones

Uno es dueño de sus silencios y esclavo de sus palabras.

Aristóteles

De hecho, ya has comenzado con las técnicas para la gestión de emociones y, por tanto, para la toma de decisiones:

El primer paso es aprender qué emociones existen y comenzar a identificarlas en ti mismo.

¿Me siento enojada o en realidad es tristeza? ¿Tengo miedo o solo es vergüenza por pensar que puedo fallar?

Identifica. Haz una lista de las emociones que conoces e investiga si hay más que puedan describir algo que has sentido.

Estudia y estúdiate. Con la lista que has creado, identifica aquellas que piensas son más recurrentes en ti. Ahora, cada vez que te enfrentes a una situación y una de estas emociones se haga presente, obsérvate y siéntete: ¿en qué parte del cuerpo se está manifestando esa emoción?

Ejemplo (mi caso): Cuando tengo tristeza, siento dolor en el pecho que sube hasta la garganta; cuando es ira, siento un calor en la cabeza y temblor en las manos; cuando siento miedo, hay un dolor en el estómago y en el pecho; cuando es vergüenza me siento rígida y con dolor en el estómago.

- El siguiente paso es gestionar propiamente las

emociones.

Realmente es complicado hacer que una emoción desaparezca, por eso la técnica que a continuación te presento no busca la eliminación de las emociones, busca reemplazarlas.

Si bien no existen emociones positivas o negativas, porque cada una tiene una razón de existir y básicamente buscan procurar tu supervivencia (como el miedo), es verdad que algunas elevan esa vibración de la que ya te hablé mientras otras las bajan.

Esta es la técnica que te presento:

1. **Busca tu centro.** Para esto deberás hacer algo adicional, pues se trata de buscar una actividad que te produzca una sensación de alegría, paz, emoción, amor, felicidad.

   Al encontrarla, lo siguiente que harás será buscar una forma de "atrapar" esa emoción que te ha producido: usa un movimiento del cuerpo o solo de una parte (cierra la mano, toca una parte de tu rostro, da pequeños golpecitos en tu brazo o rostro, etc.). O busca elementos externos como música, esencias o texturas.

   Importante: lo que elijas debe ser algo que puedas realizar sin importar la circunstancia y, sobre todo, procura no lastimarte al hacerlo.

1. **Atrapa e intercambia.** Ahora, hecho lo anterior, es momento de ponerlo en práctica. Cuando detectes que

tienes una emoción que baja tu vibración porque ni tú mismo te agradas en ese momento, debes ejecutar tu acción elegida para "atrapar" aquella buena emoción que desarrollaste.

Ejemplo: si estás enojado y quieres gritarles a las personas que tienes cerca, toma la esencia que elegiste para "atrapar" tu buena sensación; realiza el movimiento de manos, toca la textura elegida, etc.

Lo que deberá pasar es que tu cerebro asociará ese movimiento, esencia o textura y comenzará a abandonar el enojo para reconectar con aquella sensación que "guardaste".

Si esto comienza a funcionar, ¡genial! Ahora has comenzado a hacer dos cosas a la vez:

I. Has agregado movimiento a tu vida (yoga, danza, meditación, canto, esencias, etc.) para encontrar esa buena sensación que comenzaste a usar como sustituta de la emoción "negativa", en caso de que la actividad aún no estuviera en tu vida.

O, si, por el contrario, ya llevas tiempo realizando alguna acción que de verdad te hace sentir bien, entonces le agregaste una nueva intención a tu práctica que sin duda ayudará a mantenerte motivado y enfocado.

I. Has comenzado a gestionar emociones. Ahora, cada vez

que te enfrentes a una situación que baje tu vibración, antes de cualquier otra cosa, cambiarás tu estado anímico a uno de paz, felicidad, emoción, amor y desde ese punto podrás valorar de mejor forma qué acción de tu parte amerita lo que estás enfrentando.

"Roma no se construyó en un día."

Hasta este momento:

- Tienes en mente cuatro pilares fundamentales.

- Has identificado qué es aquello que ves fuera y que quisieras experimentar en tu vida.

- Comenzaste a depurar RRSS para estar más presente en el día a día y así comenzar a tomar acción hacia eso que tanto quieres.

Has recordado que solo tú tienes la capacidad de cambiar tu destino.

Para hacerlo de la mejor manera, debes de ser claro en que no importan las circunstancias de las que partas, sino las decisiones y actitud que tomes frente a ellas.

Por esto, primero debes aprender a gestionar tus emociones, que son la base de esas decisiones.

¿Qué pasa con los pensamientos?

Como te comenté, las emociones dictan gran parte de los pensamientos. **Muchas veces esos pensamientos que, con el paso del tiempo, se convierten en creencias (si no somos cuidadosos) nacieron de una emoción no gestionada.**

Así que te invito a tomar consciencia de los pensamientos más recurrentes que tienes sobre la situación o situaciones que te preocupan o en las que te sientes más estancado.

Ejercicio 3

¡Controla al invitado mala copa!

En México, cuando una persona comienza a ser imprudente por exceso de alcohol y dice cosas que incomodan a más de una persona se dice que "está de mala copa".

La técnica que te quiero compartir tiene como ejemplo una fiesta con un invitado de este estilo:

Imagina que eres el anfitrión de una fiesta que has organizado con mucho esfuerzo y cariño.

Has cuidado todos los detalles y es tu intención que todos los invitados gocen de un buen tiempo a tu lado.

Sin embargo, resulta que hay un invitado que comienza a beber de más y en un momento de la fiesta, donde todo parece ir genial, toma un micrófono y comienza a decir cosas que incomodan a todos los invitados y a ti.

¿Qué es lo que harías?

- Sonreír incómodamente y con mucha amabilidad tratar de callarlo.

- Tomar acción y demostrando toda la molestia que te ha hecho sentir lo sacas con muy mala actitud.

- Acercarte a las bocinas del micrófono y bajar el

volumen; en ese momento tomar el control de la fiesta y volver a poner la música para que todos regresen al buen momento que estaban pasando.

Honestamente yo siempre elegía la primera o segunda opción. Cuando caía en la primera, me consentía tanto que terminaba tomando el papel de víctima por no poder hacer nada contra ese invitado "mala copa" (pensamiento molesto).

Con la segunda, me hacía demasiado daño y comenzaba a atacarme, destacando lo tonta que era. Toda mi ira contra mí misma. Imagínate el daño que causé a mi autoestima.

Con el tiempo, aprendí que no hay que ser permisivos, pero tampoco ser agresivos. Entonces, comencé a elegir la tercera opción. Nadie tiene el derecho de arruinar mi fiesta y no le daré importancia a su impertinencia. Es mi fiesta y decido que la diversión debe seguir.

Sé que es complicado que cuando venga un pensamiento dañino para tu buen ánimo logres bajar el volumen de esa voz. Sin embargo, te invito a que hagas tuya esta técnica y la adecues a la forma que mejor te resulte, ¡todos somos diferentes!

Por eso te pido que hagas tuyas cada una de las técnicas y veas qué te acomoda de ellas o cómo las puedes mejorar para ti. Solo te pido que te quedes con esta idea:

La fiesta es tuya y te ha costado mucho organizarla. No dejes que ningún agente externo (pensamiento) dañe tu buen ánimo y tire tus esfuerzos y metas.

Sé el anfitrión estrella de tu vida.

Ordena los estantes

Si escuchas una voz en tu interior que dice <<no puedes pintar>>, entonces, pase lo que pase, pinta, y esa voz será silenciada.

Vincent Van Gogh

En la analogía de tu habitación has comenzado a ver estrategias de limpieza y de prevención de más desorden, pero sabemos que sigues con un desastre en todos lados.

Así que en este espacio toca revisar los estantes de nuestra vida y ver en qué estado está cada uno. Para este apartado abordaré de forma general, pero con un objetivo claro de brindar herramientas en cada uno de los tópicos, los siguientes temas:

Amor propio (relación personal)

Finanzas personales

Ámbito profesional

Relaciones personales

Antes de comenzar **te pido que reflexiones en la frase que está al inicio de este apartado.**

Lo que quiero transmitirte con ella es que, aun cuando sientas que es imposible que <u>tú</u> salgas de tu estancamiento en algún tema, la realidad es que:

Debes esforzarte por demostrarte a ti mismo que puedes lograrlo.

La tarea no es fácil y **los pensamientos de incompetencia regresarán una y otra vez para probar tu determinación en la decisión que te has planteado.**

Y esto último es crucial, muchas veces vemos los obstáculos como una negativa de la vida a que avancemos, pero la verdad es que solo se trata de una prueba de fe sobre lo que quieres.

Y no, no hablo de fe desde un punto religioso, sino una fe en ti mismo. <u>Si tú no confías en ti, ¿por qué los demás deberían de hacerlo?</u>

Amor propio (relación personal)

Para poder comenzar a trabajar con tu interior es importante tener presentes conceptos como auto concepto, autoimagen y autoestima.

Generalmente se habla de la autoestima como ese amor que debe tener cada persona por sí misma. Sin embargo, pocas veces somos conscientes de la forma en que nos vemos y pensamos sobre nosotros.

Reducir la autoestima a un amor propio es, además de simplista, peligroso. Pocas son las personas que admitirían no quererse a sí mismos y es que ejemplos de amor se puede encontrar en diferentes acciones como comer, dormir, hacer ejercicio, arreglarse, etc., pero olvida el llevar la reflexión a un lugar más profundo.

Antes que buscar cambiar en el exterior debes conocer qué hay dentro.

De nada sirve que gastes en ropa nueva, en cambios de estilo de cabello, en manicura y pedicura, en tatuajes o cualquier cambio físico, si el principal problema está en cómo te ves, te piensas y te valoras.

Pon tu atención en quién eres, conócete. Esto no lo puede hacer nadie salvo tú mismo. Existen diversas herramientas para amarte, desde mirarte a un espejo y decirte palabras de amor, hasta reconciliarte con tu niño interior.

Y, aunque pueden resultar tener un impacto positivo, el solo hacer esto sigue perpetuando el problema: debes conocerte.

¿Qué pasa cuando eres sincero contigo y comienzas a reconocer quién eres? Que puedes trabajar en aquello que te ayudaría a mejorar la idea general que tienes de ti.

¿Te sientes inseguro porque no sabes qué puedes ofrecer a los demás? Entonces haz una lista de las cosas que te gustaría probar y en las que creas que puedes ser excelente. Busca la forma de experimentarlas y registra tu sentir.

Verás que con el tiempo descubres o re-conoces en ti conocimientos que llevas adquiriendo desde muchos años atrás, pero que nunca habías tenido oportunidad de compartir. El probar cosas nuevas puede despertar talentos de los que no eras consciente y más.

¿Te avergüenza tu cuerpo? ¿Por qué? ¿Qué tiene de malo tu imagen? ¿Hay algo que puedas hacer al respecto y que no ponga en riesgo tu salud física y mental? Entonces hazlo. Busca ayuda, acércate a expertos.

¿Piensas que no eres lo suficientemente inteligente? Entonces prepárate. ¿Qué temas te interesan realmente? No sigas la corriente, busca en verdad aquello que te gusta y aprende, prepárate.

Una vez que comiences a tomar acción para mejorar algo en ti, verás como la necesidad de cambios externos pasa a un segundo plano. Y, en caso de que los hagas, verás que tus motivaciones serán otras y básicamente obedecerán a tus verdaderos deseos por y para ti.

Ejercicio 4

¡Ey! No puedes pasar a la siguiente página sin haber realizado este ejercicio. Si lo haces habrás acabado con la diversión.

Este es un ejercicio muy básico, pero sumamente divertido. Guárdalo para compartirlo con amistades o en citas, revela mucho sobre una persona. Hace pensar muchísimo en cómo eres y es un sencillo inicio para conocerte.

1. Escribe alguna ropa o un accesorio que sea "muy tú". Una vez que la o lo has identificado descríbela con tres palabras.

Ropa o accesorio:

____

Palabras que lo describen:

a. _______________________________________
b. _______________________________________
c. _______________________________________

1. Ahora elige a tu animal favorito en todo el mundo. ¡No te limites, este es tu momento! Una vez que lo elijas, de nuevo escribe tres palabras (o si lo prefieres más) que lo describan para ti, este es tu ejercicio.

Animal favorito:

____

Palabras que lo describen:

   a. _______________________________________

   b. _______________________________________

   c. _______________________________________

1. Finalmente, te pido que describas el océano. De nuevo, es tu ejercicio, así que escribe todo lo que se te ocurra y verdaderamente creas y sientas.

   a. _______________________________________

   b. _______________________________________

   c. _______________________________________

¡Te cuento!

Bueno, es hora de revelarte lo que este pequeño y divertido ejercicio significa. ¿Listo?

1. La ropa o accesorio = Cómo te proyectas hacia el exterior. Lo que reflejas a los demás.

1. Animal favorito = Cómo te percibes a ti mismo.

1. El océano = Cómo ves el AMOR.

¿Tienen sentido tus respuestas? Seguramente estás con cara de "no me lo creo", entonces te pido que en este momento regreses a esas respuestas y leas lo que escribiste y te sitúes en el significado que te he compartido.

¿La ropa o accesorio que elegiste la describiste como única? Mira, así te proyectas.

¿Tu animal favorito lo describiste como inteligente, sabio o enigmático? En el fondo piensas eso de ti mismo.

¿Describiste el océano como temible, enigmático o maravilloso? Esa es la forma en la que piensas y ves el amor.

Ahora te has conocido un poquito más y puedes compartir este pequeño juego con amistades o con tu próxima cita. Pasaran un momento divertido y podrás conocer un poco más a quien tienes en frente.

Puede parecer no científico, pero apuesto que esto ha hecho que prestes atención a estos tópicos que pudiste haber pasado por alto en tu vida.

Recuerda, conectar con las personas, escucharlas y obsérvalas es importante también para conocernos.

Fíjate en quién tienes a lado y podrás descubrir un poco más de ti.

Finanzas personales

Las finanzas personales es un tema muy profundo que, por sí solo amerita un libro.

En este pequeño apartado mi objetivo es que comiences a ser consciente de la importancia que esto tiene.

No importa tu edad, no importa tu situación, no importan tus habilidades: EDÚCATE.

Palabras mágicas:

Ahorro — Inversión

El ahorro, en cualquier momento de tu vida, es importante que comience a ser parte de tus prioridades. Si no ahorras quedas expuesto a circunstancias externas que pueden perjudicar tu estabilidad en más de un ámbito.

Sin embargo, no es inteligente solo quedarte en la parte del ahorro porque, como sabes, la inflación hace que el dinero pierda su valor (hablando de una forma sumamente simple), entonces, ¿qué puedes hacer? Agregarle movimiento.

Ahí fuera hay un sinfín de activos en los que puedes comenzar a invertir, algunos de forma segura y otros tomando riesgos más altos. La decisión de las inversiones que hagas depende únicamente de quién eres.

No todos somos capaces de aceptar un alto nivel de incertidumbre, entonces, cualquiera que sea tu perfil de inversor, no puedes omitir la parte de educarte.

¿Por qué invertir tu valioso tiempo en educarte sobre dinero, ahorro, inversiones y formas de pagar deudas?

Porque la idea es vivir una vida plena. Una vida de libertad y esto, hasta que el mundo cambie, seguirá dependiendo en gran medida del dinero que tengas en tu cuenta bancaria.

¿Esto es ser ambicioso? Sí y no.

Creo que pensar en el dinero como un medio para vivir una vida libre no te hace ser una persona egoísta, sino práctica.

Como alguien que ha estado sumida en deudas te puedo decir que no hay nada más liberador que contar con dinero suficiente para no depender de una persona, un trabajo o un lugar en específico.

Que educarte para tener más de una fuente de ingreso, al tiempo que tu dinero continúa trabajando para crecer sin que tú tengas que mover ni un solo dedo, es un gran logro en la vida.

De los aprendizajes que he experimentado en los últimos años está el reconocer mis prejuicios sobre algunos temas y palabras, "ambición" forma parte de ellos.

¿Por qué pensar que el auto llamarte ambicioso tendría algo de malo? Al contrario, una de las cualidades de las personas ambiciosas que están en equilibrio, es que siempre buscan dar lo mejor de sí mismas para lograr sus metas.

- ¿Quieres conocer todo el mundo?
- ¿Quieres asistir a los conciertos más exclusivos alrededor del globo?
- ¿Quieres dedicar tu tiempo a estudios que el mundo ve infructíferos?

Que nada te detenga. Tienes la capacidad de hacerlo, como todos, pero de una forma inteligente:

EDUCÁNDOTE FINANCIERAMENTE.

Pero primero, antes de iniciar con cualquier libro sobre finanzas, sé honesto contigo y reconoce que tú puedes. Que tú tienes el derecho a vivir una vida plena. Que tú mereces todo lo que deseas porque estás dispuesto a mejorarte como persona para alcanzar esos objetivos.

Tira todos esos pensamientos limitantes:

- **El dinero es malo.**

- **El dinero no compra la felicidad, por lo tanto, no me intereso en él.**

- **Es que yo no soy capaz de entender de esos temas.**

NO. No más pensamientos limitantes.

Recuerda:

SACA LA BASURA DE TU HABITACIÓN. SACA LA BASURA DE TU MENTE.

Comienza con pequeñas acciones. Te recomiendo que busques en Internet entrevistas a personas de tu edad que ya están generando dinero.

Escúchalos y reconócete en ellos o en lo que dicen. Ellos no son diferentes a las demás personas, solo han aceptado retos, se han puesto metas y han ido a por ellas, asumiendo todos los esfuerzos que implicaban.

Es duro y a veces creemos que no tenemos las habilidades, pero si los escuchas y te reconoces en ellos o en lo que dicen, verás que tú también puedes.

Empieza por lo pequeño.

Algo recurrente de lo que hablamos muchos adultos es sobre el pago de deudas, por lo que aprender a gestionarlas para pagarlas es algo muy útil, pero... ¿sabes qué es mejor que el aprender sobre técnicas de pago de deudas y aplicarlas? <u>Aprender sobre técnicas de ahorro y sobre formas de gestionar tu dinero.</u>

Saber en qué gastar y por qué lo haces es sumamente importante para tener libertad.

No seas esclavo de tus propias ideas, de tus propios instintos, de tus propias pasiones. Sé libre y cuestiónate toda idea.

¿Por qué quiero este producto? ¿En verdad lo necesito o solo me gustaría tenerlo? ¿Es algo que realmente puedo pagar? ¿Es un capricho o un paliativo para otra cosa que en realidad me está molestando o lastimando?

Conócete.

Ámbito profesional

¿Sabes cuál es la forma en la que puedes tener éxito en la vida? Aprendiendo a discernir entre tus intereses; conociendo tus habilidades e identificando aquello que te apasiona.

No todos tenemos la fortuna de que nuestras habilidades coincidas con aquello que nos apasiona, pero conocer esto es una gran herramienta. Está en ti decidir qué quieres hacer de tu vida y cómo quieres hacerlo.

¿Te apasiona la pintura y sueñas con montar exposiciones propias, pero piensas que no tienes el talento suficiente? TOMA UNA DECISIÓN:

> Puedes sentirte mal contigo por no tener un talento nato o puedes dedicar gran parte de tu tiempo en conocer diversas técnicas, estilos, conceptos y perfeccionar las habilidades que requieres.

Todo es cuestión de decidir.

Nunca nadie ha podido detener a una persona cuando ésta tiene una determinación. NO DEJES QUE NADIE TE DETENGA, MUCHO MENOS TU MENTE.

Enfrenta a tus propios pensamientos y ejercita el discernimiento.

¿Realmente esto es imposible para mí? Te sorprenderá escucharte siendo crítico y decir:

"Por supuesto que no".

Si ya estás en un determinado camino y aún hay diferentes cosas que te hacen dudar, no dejes de explorarlas.

Yo estudié Economía y muchas veces dudé de mi propio camino. Temía renunciar por lo que mis padres dirían, pero al mismo tiempo porque había algo que me seguía atrayendo.

Mis dudas se basaban en que no me creía capaz de entender varios procesos y, además, porque quería estudiar artes y pintar, que es mi gran pasión.

Pude superar el miedo a continuar mis estudios en Economía porque indagué sobre todo lo que esta ciencia podía ofrecer, hasta que encontré el lugar en el que en verdad me sentía yo misma: la investigación social.

Continué mi camino y pronto logré ocupar puestos de trabajo con los que había soñado, uno por uno, hasta que algo en mí se volvió a sentir inútil y vacío. Estaba logrando ascender profesionalmente, pero en el camino había olvidado lo que me hacía sonreír y ver el mundo como siempre lo había hecho.

Tuve que pasar por varios sin sabores hasta lograr entender que mi decisión de continuar estudiando economía y ejercer no había sido errónea, lo que había sido un gran error fue el haber abandonado mis otras pasiones.

Además de la pintura, amaba la danza contemporánea, plasmar poesías por medio de dibujos y estudiar sobre diversas ramas no científicas.

Si quieres ser realmente exitoso en todo aquello a lo que te quieras dedicas, te invito a que tomes una decisión y te apasiones tanto con ella que no haya ningún obstáculo que parezca imposible de superar.

Sin embargo, **no olvides lo demás que te hace sentir tú mismo. Continúa aprendiendo, no sabes en qué momento todo lo que desarrollas te puede llevar a lugares que ni siquiera has imaginado.**

Lo anterior te evitará algunos sinsabores, no todos, porque "así es la vida", pero en la medida en la que te conozcas y no pierdas de vista que la única limitante está en tu mente, podrás salir airoso de muchas situaciones y evitar la insatisfacción y pérdida de rumbo que muchas personas enfrentan en varias etapas de su vida.

Pienso que es natural dudar y que, seguramente, te encontrarás en esa situación en muchas ocasiones. Pero considero, también, que te será más fácil salir de ellas si cuando mires hacía atrás veas que en realidad has tomado decisiones, superado obstáculos y tienes una mente capaz de desarrollar habilidades ahí cuando no creías que era posible, así que, con ese historial, tendrás más confianza en ti mismo para definir un nuevo rumbo.

No pierdas tu valioso tiempo y comienza a pulir quien eres. Todos somos capaces de muchas cosas increíbles, la cuestión es decidir y hacerlas, como dicen, "con miedo, pero hacerlas".

Relaciones personales

Bueno, entramos a un estante muy escabroso: las relaciones personales.

A lo largo de tu vida encontrarás a diversas personas. La llegada de algunas no será la más grata, mientras que la de otras será un regalo que te animará día a día.

Cada una de las personas, las gratas y las no tanto, tienen un impacto en ti y, si eres inteligente, cada una te aportará un aprendizaje que te transformará.

Nuevamente enfrentarás una decisión: ¿dejarás que la persona te transforme de forma positiva o de forma negativa?

Cuando pensamos en amistades o parejas de quienes estamos sumamente enamorados, no pensamos en esta decisión, creemos que todo es bueno y que no llegará el momento de tener que decidir, pero algo importante es que **NADA ES PARA SIEMPRE.**

Todos, no importa de quien se trate, cambiamos. Nuestras circunstancias, opiniones y sentires se transforman cada día. Como dicen "no nos podemos bañar dos veces en el mismo río". Es decir, la única constante es el cambio.

¿Cómo es que esto ayuda en el plano de las relaciones personales?

En que, desde mucho antes de decidir relacionarte con alguien, tengas claro que esa persona puede estar toda tu vida contigo o que el día de mañana puede decidir marcharse o, incluso tú mismo puedes decidir decir adiós.

El tener presente esto hará que tus relaciones sean más preciadas. El saber que el tiempo con alguien es finito puede hacer que se valore más cada momento compartido y de cada experiencia vivida. Así, llegado el momento, no te aferrarás a una situación cuyo tiempo ha terminado.

Suena a catástrofe esto que escribo, pero la vida es una constante de saludos y despedidas. No pienso que cada despedida sea conflictiva, simplemente he vivido despedidas en las que ambas partes comprendimos que ya no había nada más por compartir, que estábamos en momentos diferentes y que nuestros caminos debían separarse.

Al escribir esto no me estoy refiriendo a una relación de pareja, más bien a una de amistad. Este ha sido mi caso en más de una ocasión. Ha sido doloroso reconocer el cambio y la nueva situación, pero simplemente ha sido y no he puesto resistencia.

Pero, esta comprensión llegó después de mucha negativa y de dolor por el cambio de las situaciones. **Lo mejor que puedes hacer es cuidar del tiempo que tienes con una persona y procurar cultivar relaciones provechosas.**

Prioriza calidad sobre cantidad. Valórate y no aceptes menos del amor que tú mismo te das. Define cuáles son tus valores y no los cambies por la primera persona que te pide que lo hagas. Ojo, no se trata de ser rígidos, se trata de respetar quien eres.

Allí fuera hay personas que solo quieren atención y validación; que gustan de controlar y ejercer poder sobre los demás, por lo que es importante mantenerte fiel a ti mismo.

Con relación a los valores es importante conocerte para poder definirlos. Existen valores que no deben ser cambiados por nada ni nadie, debido a que se basan en tus más profundas creencias; sin embargo, hay otros que pueden ser dialogados y llegar a acuerdos sanos.

Un ejemplo de valor que no deberías cambiar por nadie es el tipo de relaciones en las que crees. Ya sea que creas en un amor donde más de dos personas estén involucradas o que tu creencia vaya en camino a una relación con una sola persona.

En cualquiera de los casos, si el solo hecho de cambiar por una persona perturba tu interior y te hace sentir que al cambiar estás perdiendo algo importante de ti, no deberías de aceptarlo. Recuerda, siempre debes de cuidar quien eres.

Ahora bien, si el valor que está sobre la mesa es el cuidado físico, como ejercitarte todos los días y comer nutritivamente, pero delante tienes a alguien que falla en este aspecto, es importante que antes de cerrar la puerta a una relación (en este ejemplo digamos que se busca ser pareja), dialogues.

Esto que considero importante y que, claramente, para la otra persona no lo es tanto, ¿puede llegar a un punto medio? Es decir, ¿puedo resistirme a querer cambiar su estilo de vida y alimentación solo por querer controlarla? Y ¿esa persona está dispuesta a ir, paulatinamente, mejorando sus hábitos?

Si la respuesta a ambas interrogantes es un Sí, entonces estás frente a un valor que puede trabajarse en conjunto.

El respeto, la sinceridad, la forma de ver el amor, entre otros, son valores que no deberían de negociarse.

Tú no puedes ni debes cambiar esos valores esenciales solo por complacer a alguien, sobre todo si eso implica que te traicionas a ti mismo.

Tú no puedes ni debes exigir a una persona que cambie sus valores solo para complacerte si eso implica que la otra persona se traicione a sí misma.

El diálogo es lo principal. Aprende a expresarte y a escuchar. La vida es más que blanco y negro, tiene diferentes matices y, entre nosotros mismos como sociedad, solemos ver diferentes tonalidades aun cuando se supone que estamos viendo hacia el mismo sitio.

Palabras finales... por ahora

Muy bien, por ahora, este pequeño viaje ha terminado. Espero que en estas páginas que has leído (por lo cual te estoy sumamente agradecida), hayas encontrado algo que puedas aplicar día a día para mejorar.

Yo comencé a aplicar todo lo que he escrito aquí hace apenas unos años y mi vida dio un gran cambio. Ahora mismo me encuentro en una relación de pareja sana, donde la comunicación y el respeto son nuestras bases. Continuo en mi promesa de visitar todos aquellos lugares del mundo a los que siempre quise ir y me rodeo de las personas que hacen que mi mundo sea mejor porque todo fluye en armonía y paz.

Ahora confío en mi misma y procuro aprender cuanto me es posible. La gestión de emociones es algo que sigo practicando cada día y mis avances son notorios. La relación de pareja en la que ahora me encuentro no sería posible si no hubiera aprendido a hablar desde el respeto y el amor, primero hacía mi misma y después hacía el otro.

Me alegro tanto de haber tomado las riendas de mi propia vida y aunque procuro no pensarlo, el saber que desperdicié años sumida en depresiones por no saber ver lo valioso que hay en mí y de todo lo que soy capaz, me hace entristecer, por eso te digo a ti:

Apasiónate siempre por lo que haces. Recuerda, el tiempo es limitado, procura hacer vibrar tu corazón en todo lo que inicies.

Demuestra que no importa cuán complicado considere tu madre, tu padre, tu familia extendida, tus amigos, los profesores o la sociedad en general, algo de lo que quieres hacer. **Esta es tu vida y eres responsable de ella.**

No minimices tu potencial. Escucha, pero practica el discernimiento para que encuentres equilibrio.

No tomes la vida tan en serio. Ser el mejor es importante, pero no siempre lo serás en todos los ámbitos, al menos no naturalmente.

Pero **el punto es ser el mejor en aquello que realmente te motiva.** Es ahí donde tu energía debe estar dirigida.

Recuerda, eres el anfitrión de tu propia fiesta, así que haz de ella el mayor y mejor evento de tu vida.

Cuestiónate todo. Cuestiona la información que recibes, comienza con este libro. ¿Qué es para ti y qué no lo es?

¿Hay algo con lo que no estás de acuerdo? ¡Perfecto! Pero recuerda siempre desarrollar el por qué. Eso hace que te formes tu propio juicio

Cuestiona tus propios pensamientos. Nunca pienses que ya lo sabes todo o que no hay nada que mejorar. **Ni los pensamientos catastróficos son verdaderos, ni los altamente optimistas.**

Cuestiónate todo lo que estás pensando, eso te hará una persona humilde y sabia. Por lo que, **nunca pierdas tu actitud de aprendizaje. Lo que hoy es una verdad, mañana no puede serlo.**

Hoy sabes cómo funciona algo, pero mañana será otra cosa. Siempre mantente curioso ante la vida y nunca dejes de querer aprender. Recuerda, no tiene que ser sobre lo que otros te digan, sino lo que es mejor para tu vida.

En fin, te deseo una vida plena y de libertad. Es mi deseo que desde hoy decidas ser tu mejor versión, por y para ti, y que camines con la cabeza en alto, orgulloso de quien eres y de la historia que estás creando para ti.

Espero volver a encontrarnos, en otro libro o en una cafetería en alguna parte del mundo. Allí estaré, con una taza de café y un buen libro sobre la mesa, esperando que alguien me llame y me cuente la más maravillosa historia sobre lo feliz y exitoso que se siente.

¡Muchas gracias por haber llegado hasta aquí!

Nuevamente quiero agradecerte por adquirir este libro que he escrito con mucho cariño.

Es mi deseo que algo de esta lectura haya tocado tu corazón y te anime a seguir trabajando en ti y en explotar todo el potencial del que eres capaz.

Te invito a que te unas al canal de Telegram **Libros para ti**[1] para tener gratis nuevos eBooks sobre estos temas tan interesantes y necesarios.

¡Que tengas días maravillosos y no olvides crear cada día la vida que quieres vivir!

---

1. https://t.me/+ptbNv9CcC_1mMzAx

Also by crecimiento personal

Técnicas de autocontrol emocional y herramientas para el cambio

Also by Clara Robles

Técnicas de autocontrol emocional y herramientas para el cambio

www.ingramcontent.com/pod-product-compliance
Lightning Source LLC
Chambersburg PA
CBHW031459130726
47989CB00003B/1466